What Tango say

Qué dice el tango

Diseño Gráfico: *Idóneo*
Fotocromía e impresión: *Edge Pre_media*

Para esta primera edición, de 2000 ejemplares,
se utilizó papel austríaco Magnosatín para los pliegos
interiores e impresión en bicromía (Negro y Pantone 436 CV).

A mí se me hace que fue un duende quien modeló la palabra justa entre
odios y amores, temple y espanto, delirio y apatía, desencanto y hechizo,
arte y maña, prosapia y extravagancia, París y conventillo, misa y cabaret,
cátedra y pelota, repulsión y fragancia, crispación y desconcierto, hojalata
y oro, albores y sombras, infinito y cero, todo y nada;
y se me hace que las modeló para **Buenos Aires** en versos de **tango.**

Daniel Aguilar Grigera

I believe that it was an elf who modeled the precise word between
hate and love, courage and panic, delirium and apathy, disillusion and charm, art
and maña,* ancestry and extravagance, Paris and conventillo,* mass and night club,
lecture and ball, repulsion and scent, convulsion and confusion, tinplate and gold,
the light of dawn and shadows, infinite and zero, everything and nothing;
I thing the elf modeled all these words for **Buenos Aires** in verses of **tango.**

Daniel Aguilar Grigera

Conventillo: typical poor houses where many families lived together.
Maña: managed to do something.

Como buen rioplatense, es de pocas palabras
y mucho sobreentendido. Pero cuando dice,
dice. Por ejemplo, que "madre hay una sola."
Y por si acaso, insiste y lo ratifica: "pensé en mi
vieja y me clavé". Dice que nunca olvidaremos a
la piba que amamos en la infancia: "...la pollera
cortona y las trenzas, y en las trenzas un cacho
de sol." Dice cortito y perfecto eso que vemos
en la memoria, una imagen que hace temblar el
corazón: "el farol balanceando en la barrera y el
misterio de adiós que siembra el tren." Dice
hasta el cansancio que cuando la mujer nos
abandona quedamos al borde del suicidio:
"Dan ganas de balearse en un rincón...". Pero
también dice que a veces al irse nos abre la
jaula: "Me saltaron los tapones cuando tuve esta
mañana la alegría de no verla más...". Dice que
a los hombres de esta parte del mundo nos
gusta sufrir y especialmente sufrir de amor
y mojarnos: "parado en la vereda, bajo la lluvia
que me empapaba, la vi pasar...". Dice que
cuando nos ponemos amargos y revanchistas,
asustamos: "y hundido en tu total fracaso de
vivir, ni el tiro del final te va a salir". Dice que
no somos mucho de ir a misa pero pensamos en
Dios: "Donde estaba Dios cuando te fuiste..." o
este clamor metafísico: "Aullando entre
relámpagos, perdido en la tormenta de mi
noche interminable, Dios, busco tu nombre...".
Dice que a veces, somos solidarios y nos
quedamos con una mujer muy fea: "La aguanté
de pena, casi cuatro meses, entre las cargadas
de todo el café...". Y dice (casi nada...) que el
instrumento icono del tango late como un
niño: "Bandoneón arrabalero, viejo fuelle
desinflado, te encontré como un pebete que la
madre abandonó...".

Rómulo Berruti

As any other good rioplatense,* what tango says is of few words, but with a lot of implicit. But when it says, it really says. For example that "there is only one mother" or when it insists and confirms: "I thought of my mother and I realized that I had made a mistake". Its also says that we never forget the piba* we loved in our childhood: "...the short skirt and the tress, and in the tress a cacho* of sun." It is short and perfect, this is what we see in our memory, an image that makes our hearts tremble: "... the light rocking over the barrera* and the mystery of farewell that the train seeds." Tango always says when a woman abandon us we are on the edge of suicide: "...I feel like shooting myself in a corner...". But it also says that sometimes when she leaves us she opens the cage: "...my plugs were set free this morning when I had the happiness I am not going to see her again." Tango says that the man from this part of the world like suffering and especially suffering because of love and getting wet "...I was standing in the rain that was soaking me when I saw her passing by...". Tango says that when we are embittered and in revenge, we scare everybody: "...sinking in your complete failure of living, neither the last shot will go out". It says that we don't go to church very often, but we always think of God: "...where was God when you left..." or this metaphysical clamor: "...howling in the lightning, lost in the storm of my endless night, God, I am looking for your name ...". Tango says that sometimes we are solidary and we stay with an ugly woman: "...I put up with her because I felt sorrow for her during four months, while everybody was joking about me in the café...". Tango says (what a thing ...) that the representative instrument of it beats like a child: arrabalero* bandoneon,* the old flat one, I found you when I was a pebete* abandoned by his mother...".

Arrabalero: man from the arrabal.
Bandoneon: musical instrument. Big accordeon.
Barrera: level crossing gate.
Cacho: a bit.
Cargadas: mockery.
Cortona: mini skirt.
Fuelle: bandoneon.
Pebete: a boy.
Piba: a girl.
Rioplatense: somebody who was born by the River Plate.

Rómulo Berruti

Mi
Buenos Aires
Querido

*La vibrante ciudad que acaricia el
Río de La Plata se mueve al son de
un viejo bandoneón, siente a la par
que una voz desgarrada y late al
ritmo de dos cuerpos sin fisuras
Al hablar de Buenos Aires es casi
imposible desligar el sentimiento del
recuerdo de las melancólicas notas
del bandoneón, del enrevesado nudo
de unos pies que se enredan en el
aire, despegar la imaginación de la
fisura que deja dos cuerpos
completamente unidos, despertar al
olfato del hipnótico aroma que
desprenden las brasas de partes
innobles y jugosas. El reloj de la
ciudad porteña nunca se detiene. Ni
siquiera en los últimos tiempos de
fuerte marejada ha dejado su
apasionado sentir. Argentina, el
argentino, Buenos Aires son unos
seductores profesionales. En su alma
late con fuerza un sentimiento de
patriotismo que le conduce, en
muchas ocasiones, por el camino del
desánimo, de la pesadumbre, de la
nostalgia... Por eso, hablar de
Buenos Aires y tropezar, con
intenciones, con el sentir del tango
es inevitable, vital, imprescindible.
Sara F. Cucala (diario* El Mundo
de Madrid)

Mi Buenos Aires querido,
cuando yo te vuelva a ver,
no habrá más penas ni olvido.

El farolito de la calle en que nací
fue el centinela de mis promesas de amor,
bajo su inquieta lucecita yo la vi
a mi pebeta luminosa como un sol.

Hoy que la suerte quiere que te vuelva a ver,
ciudad porteña de mi único querer,
oigo la queja
de un bandoneón,
dentro del pecho pide rienda el corazón.

Mi Buenos Aires, tierra florida
donde mi vida terminaré.
Bajo tu amparo no hay desengaños,
vuelan los años, se olvida el dolor.

En caravana los recuerdos pasan
como una estela dulce de emoción,
quiero que sepas que al evocarte
se van las penas del corazón.

Las ventanitas de mis calles de arrabal,
donde sonríe una muchachita en flor;
quiero de nuevo yo volver a contemplar
aquellos ojos que acarician al mirar.

En la cortada más maleva una canción,
dice su ruego de coraje y de pasión;
una promesa y un suspirar
borró una lágrima de pena aquel cantar.

Mi Buenos Aires querido...
cuando yo te vuelva a ver...
no habrá más penas ni olvido...

(1934) Letra de Alfredo Le Pera
Música de Carlos Gardel

15

My Dear Buenos Aires

My dear Buenos Aires, the vibrating city that caress the River Plate, moves with the music of an old bandoneon,* it also feels that a dissolute voice and it beats rhythmically in two bodies without any fissures.

Talking about Buenos Aires is almost impossible to forget the remembrance of the melancholy notes of the bandoneon, that is a knot of feet that snarling in the air, clear in up the imagination of the fissure that two bodies completely together are left, waking up to the hypnotic scent of the coals…

The clock of the porteña* city never stops, nor in the last times of hard commotion, it has never left its passionate feeling. Argentina, the argentine people and Buenos Aires are professional seducers. In their soul beats powerfully the sentiment of patriotism that leads them in many occasions, through the way of discouragement, of affliction and nostalgia…

That's way, talking about Buenos Aires is stumbling with the inevitable, vital and essential feeling of the tango.
Sara F. Cucala (EL MUNDO, Madrid).

Porteña: the port city of Buenos Aires.
Arrabal: suburbs.
Bandoneon: musical instrument. Big accordeon.
Maleva: fighting.
Pebeta: a girl.

My dear Buenos Aires,
When I see you again
There will be no more pity
Nor forgetting.

The little lamp in the street where
I was born
Was the sentry of my promises of love;
Under its little still light I saw her,
My pebeta* shining in the sun.
Today, that fortune
Wants me to see you again,
Buenos Aires, city of my only love,
I hear the moan of a bandoneon,*
The heart asks for reins inside the breast.

My Buenos Aires,
Dear land,
Where my life will end.
Under your protection,
There is no disappointment,
Years fly,
The sorrow is forgotten…

In a caravan
The memories pass by
With a sweet trail
Of emotion.
I want you to know
That when I remember you
Sorrow leaves my heart.

The little window of my arrabal* street,
Where a young woman
In bloom
Smiles;
I want again, to look at
Those eyes that caress
When they see.
In the most maleva* alley, a song
Says its beg of courage and passion.
A promise and a sigh
Rubbed out a teardrop of pity
Of that singing.

My dear Buenos Aires,
When I see you again,
There will be no more sorrow
Nor forgetfulness.

(1934) Lyrics by Alfredo Le Pera
Music by Carlos Gardel

17

Caminito

*La calle Caminito que está en la Boca es
un homenaje a Juan de Dios Filiberto,
autor de la música de este tango con
versos de Gabino Coria Peñaloza (quien
se refería en ellos a un caminito del pueblo
riojano de Olta). Resultó premiado en un
certamen abierto por la Municipalidad de
Buenos Aires en 1926.
No importa cuál camino, cuentan las
crónicas que Coria Peñaloza
evocó en esta letra, aunque los tangueros
no se resignen y lo ubiquen en
el barrio porteño de La Boca. El aliento de
la unión artística Filiberto-Coria
Peñaloza inscribe la belleza en lo simple.
Caminito se puede tocar con una sola
cuerda y cantarse con muy poca voz. La
voz evoca la música instrumental
y viceversa.
La calle que en el barrio de La Boca
recuerda a este tango y sus autores
quizás sea la más colorida que pueda
encontrarse, con sus mayólicas y
sus casas pintadas como barcas de
pescadores. La luz del tiempo posada en
las cosas vuelve algo sagrado ese rincón
de la ciudad que convoca a la
visita. Por allí pasean afantasmados en
muchos tangos los personajes que
trajinaron los cafés y garitos de las
primeras décadas del siglo, los
que trabajaban en el puerto y vivían en
los conventillos, los que
tantas veces se cruzaron con Filiberto, a
quien visitaba la musa de esos
tangos, que han perdurado y que son la
mejor referencia de La Boca de ayer,
la convertida en música.*

Caminito que el tiempo ha borrado
que juntos un día nos viste pasar,
he venido por última vez,
he venido a contarte mi mal.
Caminito que entonces estabas
bordeado de trébol y juncos en flor,
una sombra ya pronto serás,
una sombra lo mismo que yo.

Desde que se fue,
triste vivo yo;
caminito amigo,
yo también me voy.
Desde que se fue,
nunca más volvió.
Seguiré sus pasos,
caminito, adiós.

Caminito que todas las tardes
feliz recorría cantando mi amor,
no le digas si vuelve a pasar
que mi llanto tu suelo regó.
Caminito cubierto de cardos,
la mano del tiempo tu huella borró;
yo a tu lado quisiera caer
y que el tiempo nos mate a los dos.

(1926) Letra de Gabino Coria Peñaloza
Música de Juan de Dios Filiberto

Caminito

The Caminito* stony road, that is placed in La Boca, is a homage to Juan de Dios Filiberto, author of the music of this tango with verses by Gabino Coria Peñaloza (who referred in them to a little road in his town in Olta, La Rioja). It happened to be prized in an open competition, organized by the Buenos Aires city in 1926.
It doesn't matter what road it is, that's what Coria Peñaloza evoked in this lyric, although the tangueros* place it in La Boca. The encouragement of the artistic union Filiberto-Coria Peñaloza, places the beauty in the simple things. Caminito* can be played with only one string and can be song by a little voice, the voice evokes the instrumental music and viceversa.
The road, in La Boca, that evokes this tango and its authors, is, perhaps, the most colored one that can be found, with its mayolicas and its houses painted as if they were fishing boats. The light of time resting over those things, transforms this corner of the city into a sacred place that attracts visitors. There, the characters, like ghosts appearing in many tangos, go for walks, go trough the cafés and gaming houses of the first decade of the century, they worked in the port and an lived in conventillos.* These characters who many times came across Filiberto, who was inspired by the muse of those tangos, that have lasted and that are the best reference to the old La Boca transformed into music.

Caminito: short road.
Conventillo: typical poor houses where many families lived together.
Tanguero: somebody fond of tango.

Caminito* that time has rubbed out,
that you've seen us together pass by,
I've come for the last time,
I've come to tell you my pain…
Caminito* that then you were
Gone round by clover and
Blossomed rushes,
You'll soon be a shadow,
A shadow, the same as me…

Since she has left,
I live sadly;
Friendly little road I' m leaving too…

Since she has left,
She never returned;
I'll follow her steps…
Caminito,* goodbye…!

Caminito that every afternoon
I went through singing my love,
Don't tell her if she passes by that
My crying watered your ground.

Caminito* covered with thistles,
The hand of time your footprint
Rubbed out;
I'd like to fall by your side
And time could kill us both.

(1926), Lyrics by Gabino Coria Peñaloza
Music by Juan de Dios Filiberto

El día que me Quieras

Acaricia mi ensueño
el suave murmullo de tu suspirar,
como ríe la vida
si tus ojos negros me quieren mirar;
y si es mío el amparo
de tu risa leve, que es como un cantar...
ella aquieta mi herida,
todo, todo se olvida...

El día que me quieras
la rosa que engalana
se vestirá de fiesta
con su mejor color.
Al viento las campanas
dirán que ya eres mía,
y locas las fontanas
me contarán tu amor.

La noche que me quieras
desde el azul del cielo
las estrellas celosas
nos mirarán pasar,
y un rayo misterioso
hará nido en tu pelo,
luciérnaga curiosa
que verá que eres mi consuelo.

El día que me quieras
no habrá más que armonías,
será clara la aurora
y alegre el manantial,
traerá quieta la brisa
rumor de melodías
y nos dirán las fuentes
su canto de cristal.
El día que me quieras
endulzará sus cuerdas
el pájaro cantor,
florecerá la vida,
no existirá el dolor.

Grabación realizada el 19 de marzo de 1935 con el acompañamiento de la orquesta dirigida por Terig Tucci. En 1932, la Paramount promovió, en París, el encuentro de Le Pera y Gardel. Le Pera estaba relacionado con la cinematografía, entre otras razones porque había redactado las leyendas castellanas de algunas películas norteamericanas, habladas en inglés, por supuesto, de la compañía Artistas Unidos. A partir de aquel encuentro, Le Pera fue el autor de todas las películas de Gardel, desde "La casa es seria" hasta "Corazones de estrellas". Y en esa faena se convirtió en uno de los más finos letristas de tango. Revista Galleries Review.

(1935) Letra de Alfredo Le Pera
Música de Carlos Gardel

The
day that you
love me

Caress my dream
The soft murmur of your sigh,
How life laughs
If your black eyes
Want to look at me;
And if protection is mine
Of your slight laugh,
That's like a song…
She quiets down my wound,
Everything, everything's forgettable…

The day that you love me
The rose that decorates
Will dress up to party
With its best color.
The bells to the wind,
Will say that you are mine
And the insane fountains,
Will tell each other your love.

The night that you love me
From the blue sky
The jealous stars
Will see us pass by,
And a mysterious ray
Will tie a nest on your hair
Curious glow-worm
Will see that you an my consolation

The day that you love me
There'll be nothing but harmonies,
The dawn will be clear
And the spring happily
Will bring the quiet breeze
Melodies rumors
And the fountains will tell us
Their crystal song.

The day that you love me
Will sweeten its strings
The singing bird,
Will blossom life,
Pain will not exist.

*The recording of this song was done on March 19th, 1935
with the orchestra directed by Terrig Tucci.
In 1932, the Paramount promoted in Paris the meeting
between Le Pera and Gardel. Le Pera was related with the
world of the cinema, because he had written the Spanish
legends of some American pictures, spoken in English, of
course, for the United Artists. From that moment, Le Pera
was the author of all Gardel films, from "La casa es seria"
until "Corazones de estrellas". With that work Le Pera
became one of the most fine tango writers.*

(1935) Lyrics by Alfredo Le Pera
Music by Carlos Gardel

Yira
Yira

*Decía su autor, Enrique Santos Discépolo:
"fue el tango más espontáneo, como él más
sentido, como el más mío de todos mis
tangos. Porque éste sí está inspirado en un
momento de mi vida. Venía yo de una gira
en la que nos había ido muy mal. Corría
1927. Regrese a Buenos Aires sin un
centavo. Me encontré con mi hermano
Armando también en un mal momento y me
fui a vivir con él, a una casita de la calle
Laguna. Allí surgió "Yira Yira" en medio
de las dificultades diarias del trabajo
amargo, de la injusticia del esfuerzo que no
rinde, de la sensación de que se nublan todos
los horizontes, de que están cerrados todos los
caminos. Pero en aquel momento el tango
salió. No se produce en medio de un gran
dolor sino con el recuerdo de ese dolor".*

*El diálogo que continúa pertenece a un
cortometraje filmado por Gardel en el año
1932, en una conversación con Discépolo
que servía de introducción a la increíble
interpretación del artista.*

*Gardel: -Decime Enrique...¿Qué has querido
decir con el tango Yira Yira?
Discépolo: -Es una canción de soledad y
desesperanza...
Gardel: -¡Hombre! Así lo he comprendido yo.
Discépolo: -Por eso es que lo cantas de una
manera admirable.
Gardel: -Pero el personaje es un hombre
bueno ¿verdad?
Discépolo: -Sí, es un hombre que ha vivido la
bella esperanza de la fraternidad durante
cuarenta años. Y, de pronto, un día a los
cuarenta años se desayuna con que los
hombres son unas fieras.
Gardel: -Pero ¡dice cosas amargas¡
Discépolo: No pretenderás que diga cosas
divertidas un hombre que ha esperado
cuarenta años para desayunarse...*
Cancionero Torres Agüero

Cuando la suerte que es grela,
fayando y fayando
te largue parao...

Cuando estés bien en la vía,
sin rumbo, desesperao...
Cuando no tengas ni fe,
ni yerba de ayer
secándose al sol...

Cuando rajés los tamangos
buscando ese mango que te haga morfar...
La indiferencia del mundo
que es sordo y es mudo
recién sentirás.

Verás que todo es mentira,
verás que nada es amor,
que al mundo nada le importa,
¡Yira!..¡Yira!...

Aunque te quiebre la vida,
aunque te muerda un dolor,
no esperes nunca una ayuda,
ni una mano, ni un favor.

Cuando estén secas las pilas
de todos los timbres
que vos apretás,
buscando un pecho fraterno
para morir abrazao...

Cuando te dejen tirao,
después de cinchar,
lo mismo que a mí...

Cuando manyés que a tu lao
se prueban la ropa
que vas a dejar...

te acordarás de este otario
que un día, cansado,
se puso a ladrar.

(1930) Letra de Enrique S. Discépolo
Música de Enrique S. Discépolo

Yira

This author, Enrique Santos Discepolo used to say :"it was the most spontaneous tango like the best one, that I felt , like the one deepest inside me between all my tangos. It is so, because it is inspired in a difficult moment of my life .It was1927, I had come back from a very bad tour and I was broke, I met my brother Armando, who had problems too and we went to live together in a small house in Laguna ST. There "Yira Yira " was born in the middle of daily difficulties in the embittered work , feeling the injustice that effort doesn't care , the sensation horizons become cloudy…but at that moment , the tango turned up. It was not done in the middle of a great pain but with the memory of it".

The following conversation appeared in a short film, done by Gardel in 1933, it was used as an introduction to the incredible interpretation of the artist:

Gardel : Tell me Enrique .What did you mean in Yira Yira ?

Discepolo : It's a song that talks about loneliness and despair.

Gardel: Man!, it's what I have understood

Discépolo: That's why you sing it in an incredible way.

Gardel: But the character is a good man, isn't he?

Discépolo: Yes, it's a man who has believed in the beautiful hope of brotherhood for forty years and suddenly one day at the age of forty, he se desayuna* that man are beasts.

Abrazao: embraced.
Desesperao: desperate.
Cinchar: to struggle.
Grela: filth.
Lao: side.
Mango: money.
Manyes: know.
Morfar: eat.
Otario: fool.
Parao: standed up.
Rajés: breaks.
Se desayuna: realizes.
Tamango: shoe.
Tirao: broke.
Via: on the street.
Yerba: herb infusion.
Yira: wanders.

When good fortune, that is grela,*
Failing and failing
Gets you off parao…*

When you are right on the vía,*
Without direction, deseperao…*

When you have not even faith
Nor yerba of yesterday,
Dying in the sun…

When you rajes* the tamangos*
Looking for that mango*
That can make you morfar…*
You'll newly feel,
The indifference of the world
That's deaf and dumb
You´ll recently feel.

You'll see that everything is a lie,
You'll see that nothing is love
That the world cares about nothing….
Yira* …Yira*…

Although your life breaks,
Although sorrow bites you,
Don't you ever wait for help
Not even a hand nor a favor…

When the batteries of all
The bells you ring, looking for
A fraternal chest, to die abrazao*
When you are left tirao*
After cinchar*
The same as me…

When manyes* that beside you
They are trying on clothes
You are going to leave…
You'll remember this otario*
That, one day, tired,
Started barking.

(1930) Lyrics by Enrique S. Discépolo
Music by Enrique S. Discépolo

Tomo y
Obligo

Tomo y obligo, mándese un trago
que necesito el recuerdo matar.
Sin un amigo, lejos del pago,
quiero en su pecho mi pena volcar.
Beba conmigo, y si se empaña
de vez en cuando mi voz al cantar
no es que la llore porque me engaña,
yo sé que un hombre no debe llorar.

Si los pastos conversaran, esta pampa le diría
con qué fiebre la quería, de qué modo la adoré.
Cuantas veces de rodillas, tembloroso,
yo me he hincado
bajo el árbol deshojado donde un día la besé.
Y hoy al verla envilecida, a otros brazos
entregada,
fue pa'mí una puñalada y de celos me cegué.
Y le juro, todavía no consigo convencerme
cómo pude contenerme y ahí nomás no la mate.

Grabación eléctrica "Odeón" registrada
en Buenos Aires el 26 de octubre de 1931,
con el acompañamiento de la orquesta de
Francisco Canaro.
Gardel interpreta este tango en la película
"Luces de Buenos Aires" (1931).
"En los cinematógrafos de España y
América el público interrumpía la
exhibición de la cinta, después de cantar
Gardel el tango. Había que dar marcha
atrás a la máquina proyectora. La gente
quería escucharlo de nuevo. Es un hecho
jamás ocurrido en la historia del cine."
Del libro Vida de Carlos Gardel *(1947)*
de García Jiménez

Tomo y obligo, mandose un trago
de las mujeres mejor no hay que hablar.
Todas, amigos, dan un mal pago
y hoy mi experiencia lo puede afirmar.
Siga un consejo, no se enamore
y si una vuelta le toca hocicar,
fuerza canejo, sufra y no llore
que un hombre macho no debe llorar.

(1931) Letra de Manuel Romero
Música de Carlos Gardel

Drink and
Oblige

I drink and oblige…
Please order up a drink,
Because today I need to make my
Memories die!
No friend to talk to, far away
From my home
I want to pour my sorrow in you
Drink with me - yes, do! -
And if my voice sometimes blurs
While singing
Is not that I cry over her
For her deceiving;
I know full well that a man
Should never cry.

If the pastures could only talk,
This pampa* would surely tell her
How I loved her as I used to,
With what fever I adored her.
So many times upon my knees,
I have trembled as I was kneeling
Under the old leaf less tree
Where once I kissed her.
And today when I saw her happily
Giving herself into other arms
It was for me a stab, and
Jealously I got blind…
And I swear you, I still
Just can't manage to understand
How I was able to
Restrain my hand,
And thus not simply kill her.

I drink and oblige…
Order up a drink!
It's better not to talk about women.
All of them, friends, I tell you pay off
Worth a blink,
And today my experience affirms
Exactly why.
Here's an advice to follow: don't fall in love
But if it turns out
You're nuzzled by,
Be strong, old fellow! - suffer it,
Don't cry
Because you know a tough guy should never cry.

Gardel interpretated this tango in the film "Luces de Buenos Aires" (1931). "In the cinemas of Spain and America, the people interrupted the exhibition of the film after Gardel sang the tango. They had to rewind the film because the people wanted listen to it again. It's a fact that never has happened in the history of the cinema" From the book "Carlos Gardel's life" (1947), by García Jiménez.

Pampa: a rural zone in Argentina.

(1931) Lyrics by Manuel Romero
Music by Carlos Gardel

Adiós
Muchachos

Adiós muchachos, compañeros de mi vida,
barra querida de aquellos tiempos.
Me toca a mí hoy emprender la retirada,
debo alejarme de mi buena muchachada.
Adiós muchachos. Ya me voy y me resigno...
Contra el destino nadie la talla...
Se terminaron para mí todas las farras,
mi cuerpo enfermo no resiste más...

Acuden a mi mente
recuerdos de otros tiempos,
de los bellos momentos
que antaño disfrute,
cerquita de mi madre,
santa viejita,
y de mi noviecita
que tanto idolatré.
Se acuerdan que era hermosa,
más bella que una diosa
y que, ebrio yo de amor,
le di mi corazón?
Mas el Señor, celoso
de sus encantos,
hundiéndome en el llanto,
me la llevó.

Es Dios el juez supremo.
No hay quien se le resista.
Ya estoy acostumbrado
su ley a respetar,
pues mi vida deshizo
con sus mandatos
al robarme a mi madre
y a mi novia también.
Dos lágrimas sinceras
derramo en mi partida
por la barra querida
que nunca me olvidó.
Y al darle, mis amigos,
el adiós postrero,
les doy con toda mi alma,
mi bendición.

*Quien escuche sus primeras grabaciones se imagina en
presencia de un tenorino de grandes aptitudes, pero
lejano todavía del Gardel de sus mejores tiempos.
Tito Schipa fue quien le advirtió que su voz no era de
tenor, sino de barítono.
Así aprendió a impostar debidamente, extrajo de sus
condiciones naturales las mejores posibilidades, fue
modelando y puliendo su voz, como una obra de arte,
hasta dominarla por completo, sin caer en el mero
virtuosísmo, ni en el brillo exterior.
Gardel emociona, porque se emociona.
Su voz grave, pastosa, sensible y viril a la vez; esa voz
de quien alguien dijo, con razón, que pertenecía a un
hombre que parecía tener "una lágrima en la
garganta", es la auténtica voz de Buenos Aires, la
insustituible e inconfundible voz de la ciudad que tanto
lo amó y desde la que salió a conquistar el mundo...*

(1927) Letra de César Felipe Veldani
Música de Julio César Sanders

Farewell
Boys

Farewell boys, my bosom friends,
Dear barra* of those times.
It's me now who has to leave,
I must leave you my good friends.
So long boys. I'm leaving and I am resigned…
Against fate nobody la talla...*
Old the farras* have finished for me,
My sick body doesn't resist anymore…

The mementos of old times
Come back to my mind,
The beautiful memories,
that I used to enjoy,
near my mother,
my saint mother,
and my girlfriend
who I adored so much.
Do you remember she was beautiful,
More beautiful than a goddess
And that, me, drunk of love,
Gave her my heart?
But God, jealous
Of her charm,
Sinking me in this pair,
Took her from me.

It's God, the supreme judge,
Nobody can resist him.
I am used to respecting his law,
Because he broke my life
With his precepts,
When he robbed my mother,
And also my girlfriend.
I'm crying sincerely
While my leaving for my dear barra*
I'll never forget.
And giving you, my friends,
My last goodbye,
I give you my blessing
With all my soul.

Who listens to its first recordings, can imagine to be in presence of a very good tenor, but far away from the Gardel of his bests times.
Tito Schipa was the person who told him that his voice was not of a tenor, but of a baritone.
That's how he learnt to impost correctly, he extracted from his natural conditions the best possibilities, he modeled his voice, like un art device, until he could dominate it completely, without falling in the mere virtuous, nor the external bright.
Gardel emotions, because himself emotions.
His grave, sensitive and at the same time virile voice; talking about that voice somebody said, correctly that it was the voice of a man who seemed to have "a drop in his throat". It is the real voice of Buenos Aires, that has never been replaced and it is the unmistakable voice of the city that it loved him so much and from where he went out to conquer the world.

Barra: group of friends.
Farras: dissolute parties.
La talla: nobody can do anything.
Viejita: mother.

(1927) Lyric by César Felipe Veldani
Music by Julio César Sanders

La Cumparsita

La Cumparsa
de miserias sin fin desfila
en tormo de aquel ser enfermo
que pronto ha de morir de pena...
Por eso es que en su lecho
solloza acongojado,
recordando el pasado
que lo hace padecer.

Abandonó a su viejita
que quedó desamparada
y loco de pasión,
ciego de amor,
corrió tras de su amada,
que era linda, era hechicera,
de belleza era una flor.
Que admiró su querer,
hasta que se cansó
y por otro lo dejó.

Hoy ya solo, abandonado
a lo triste de la suerte,
ansioso espera su muerte
que bien pronto ha de llegar...
Y entre la triste frialdad
que invade al corazón,
sintió la cruda sensación
de su maldad...

Entre sombras
se le oye respirar
sufriente...
al que antes de morir sonríe
porque una dulce paz le llega;
sintió que desde el cielo
la madrecita buena,
mitigando sus penas,
sus culpas perdonó...

Esta letra fue compuesta por Gerardo H. Matos Rodríguez para su tango "La Cumparsita" en oposición a la que habían escrito y difundido con anterioridad Pascual Contursi y Enrique P. Maroni. Sin embargo, la música que se compuso para acompañar una comparsa estudiantil en Montevideo salió en la forma de un tango y acabaría siendo "el tango de los tangos".

(1924) Letra de Gerardo Hernán Matos Rodríguez
Música de Gerardo Hernán Matos Rodríguez

The
Cumparsita

The Cumparsa*
Of endless misery parades by
Round that sick human being
Who pretty soon is going to die of pain…
That's why he is sobbing distressfully
In bed, remembering his past
That makes him suffer

He abandoned his little old mother
Who was left helplessness
And he, mad of passion,
Blind of love,
Ran after his loved woman,
Who was pretty and magic,
With the beauty of a flower.
She admired his love until
She got tired
And she left him by another man.

Today already alone, abandoned
To the sadness of luck,
He is anxiously expecting his death
That is coming soon…
And in the sad coldness
Of his heart,
He felt the critical sensation
Of her wickedness…

This lyric was written by Gerardo H. Matos Rodríguez, for his tango "La cumparsita" in contrast with the one that had been written previously by Pascual Contursi and Enrique Marone. However the music that was written for a student mask parade in Montevideo, became a tango and it turned to be The Tango between all the other ones.*

Cumparsa: a mask parade.
Cumparsita: a small mask parade.

In the shadows
He can be listened
Breathing and suffering…
As someone who smiles
Before dying,
Because the sweet peace
Is reaching him;
He felt from heaven
That his good little mother,
Calming his sorrow,
Had forgiven his faults

(1924) Lyric by Gerardo Hernán Matos Rodríguez
Music by Gerardo Hernán Matos Rodríguez

Por una
Cabeza

Por una cabeza de un noble potrillo
que justo en la raya afloja al llegar
y que al regresar parece decir:
No olvides, hermano, vos sabés, no hay que jugar...

Por una cabeza, metejón de un día,
de aquella coqueta y risueña mujer
que al jurar sonriendo, el amor que está mintiendo
quema en una hoguera todo mi querer.

Por una cabeza
todas las locuras,
su boca que besa
borra la tristeza,
calma la amargura.

Por una cabeza,
si ella me olvida,
qué importa perderme
mil veces la vida,
para qué vivir...

Cuantos desengaños, por una cabeza,
yo jure mil veces no vuelvo a insistir
pero si un mirar me hiere al pasar,
su boca de fuego, otra vez, quiero besar.

Basta de carreras, se acabó la timba,
un final reñido yo no vuelvo a ver,
pero si algún pingo llega a ser fija el domingo,
yo me juego entero, qué le voy a hacer.

*Hablar de tango es hablar de Gardel. Pero
hablar de turf, también lo es. Carlos Gardel es
el prototipo humano de la música popular
rioplatense y, a la vez, la representación
emblemática, el arquetipo del burrero.
"En primer lugar yo no tengo caballos, sino un
caballo: Lunatico. Y les aseguro que eso cuesta
menos que una mujer. Así como otros
mantienen a una mujer, yo atiendo a los gastos
de ese animalito, que a lo mejor también me da
una coz, pero no me pilla de sorpresa, ni el
pobre me ha jurado amor eterno..."*
Carlos Gardel, Diario Jornada *(1931)*

(1935) Letra de Alfredo Le Pera
Música de Carlos Gardel

By one Head

By the head of a noble racehorse,
That just on the line comes loose
And when it comes back seems to say:
-Don't forget , brother, you know,
you don't have to gamble..

By the head, metejón* of a day
With that sassy and mocking woman,
That swears smiling on the love she's lying,
And burns on a bonfire all my love!

By the head,
All the madness…!
Her lips that kiss
Rub out the sadness,
Calms the bitterness…

By the head,
If she forgets me,
I don't mind losing
My life a thousand times,
Living, what for…!

How many disappointments
By the head…!
I swore a thousand times,
I won't insist,
But if a look hurts me when I pass by,
I want to kiss her fire lips again.

Enough of races! Gambling's over!
I won't see a tough ending anymore!
'But if any pingo* turns
To be favorite on Sunday,
I bet on it...what can I do.

Talking about tango is talking about Gardel but also talking about horse racings. Carlos Gardel is the model of the popular music, and also the emblematic representation, the archetype of the burrero.
"First of all I haven't got any horses , except one: Lunatic. And I assure you that it costs less than a woman. When others support a woman, I take care of this little animal, that perhaps sometimes he kicks me, but it doesn't surprise me, nor the poor one has swore me eternal love…" Carlos Gardel*

Burrero: somebody fond of turf.
Metejón: being in love.
Pingo: a horse.
Rioplatense: somebody who was born by the River Plate.

(1935) Lyric by Alfredo Le Pera
Music by Carlos Gardel

Mano a Mano

Rechiflao en mi tristeza, hoy te evoco y veo que has sido
en mi pobre vida paria sólo una buena mujer;
tu presencia de bacana puso calor en mi nido,
fuiste buena, consecuente y yo sé que me has querido
como no quisiste a nadie, como no podrás querer.

Se dio el juego de remanye cuando vos, pobre percanta,
gambeteabas la pobreza en la casa de pensión;
hoy sos toda una bacana, la vida te ríe y canta,
los morlacos del otario los tirás a la marchanta
como juega el gato maula con el mísero ratón.

Hoy tenés el mate lleno de infelices ilusiones;
te engrupieron los otarios, los amigos, el gavión;
la milonga entre magnates con sus locas tentaciones
donde triunfan y claudican milongueras pretensiones
se te ha entrado muy adentro en el pobre corazón.

Nada debo agradecerte, mano a mano hemos quedado,
no me importa lo que has hecho, lo que hacés, ni lo que
harás;
los favores recibidos creo habértelos pagado
y si alguna deuda chica sin querer se me ha olvidado
en la cuenta del otario que tenés se la cargás.

Mientras tanto, que tus triunfos, pobres triunfos pasajeros,
sean una larga fila de riquezas y placer;
que el bacán que te acamala tenga pesos duraderos
que te abrás en las paradas con cafishios milongueros,
y que digan los muchachos: Es una buena mujer.

Y mañana, cuando seas descolado mueble viejo
y no tengas esperanzas en el pobre corazón,
si precisás una ayuda, si te hace falta un consejo,
acordate de este amigo que ha de jugarse el pellejo
pa ayudarte en lo que pueda cuando llegue la ocasión.

*Estos versos pertenecen a Celedonio Esteban Flores, a los
que pusieron música Carlos Gardel y José Razzano.
Gardel los llevó al disco fonográfico en el año 1923.*

*El tango preferido de muchos gardelianos. Julio Cortázar
ha dicho que elige -entre todos- este tango, porque es la
justa medida de lo que representa Carlos Gardel.
Mano a mano es una confidencia en voz alta donde
están el dolor por el amor perdido, la serenidad
observadora y cierto aire de definitiva camaradería que
no omite -quizá- un tono despectivo final.*

(1918) Letra de Celedonio Esteban Flores
Música de Carlos Gardel y José Razzano

We're
Even

Rechiflao* in my sadness I evoked you today and see
that you've been in my poor pariah life only good woman,
your bacana's* presence put heat in my nest,
you've been good and consequent and I know that you loved me
as you had never loved before, as you'll never love.

The remanye's* game started when you, poor percanta,*
gambateabas* poverty in the boarding house.
today you're a total bacana* life, laughs at you and sings,
you throw a la marchanta* the otario's* morlacos,*
as the maula* cat plays with the miserable rat.

Today you have the mate* full of unhappy illusions.
the morlacos,* the friends, the gavion* engrupieron* you,
the milonga* between moguls, with their crazy temptations
where milongueras* pretensions success and give in,
It has deeply entered in your poor heart.

I don't have anything to thank you, now we're even;
I don't care what you've done, what you do or what you'll do...
the received favors, I think I've paid them,
and if any little debt, I didn't mean to, was forgotten
on the otario's* bill that you have, you may charge it...

In the meantime, that your triumphs, poor passing triumphs,
are a long line of wealth and pleasure;
that the bacan,* that acamalas* you, has durable money,
that you abras* at the stops with milongueros*
cafishios* And the guys will say: "She is a good woman..."

And tomorrow, when you are a docked old piece of furniture
and have no hope in your poor heart,
If you need help, if you need an advice,
Remember this friend, that will risk his skin
pa* help you in what he can when the moment come

These verses are property of Celedonio Flores and Carlos Gardel and Jose Razzano composed the music. Gardel recorded them in 1923.
It is the favorite tango of a lot of gardelianos.* Julio Cortázar said that he chose it , between all because it is the exact measure that Gardel represented, "Mano a Mano" is a confidence in a loud voice, where the pain for the lost love is, also,the observant calm and a bit of good fellowship, that doesn't omit, at the end a depreciatory tune.

Abras: to part off with others.
Acamala: support.
Bacan: smart and rich man.
Bacana: a smart and rich woman.
Cafishio: pimp.
Engrupieron: they lied to.
Gambeteabas: you avoided.
Gardeliano: somebody fond of Gardel.
Gavión: a man that seduces women.
Mate: head..
Marchanta: give money to anybody.
Maula: coward.
Milonga: a place where you can dance.
Milongueros: people who dances tango..
Morlacos: money.
Otario: fool.
Percanta: woman.
Rechiflao: very crazy.
Remanye: know with perspicacity.

(1918) Lyrics by Celedonio Esteban Flores
Music by José Razzano and Carlos Gardel

Bandoneón
Arrabalero

Bandoneón arrabalero,
viejo fuelle desinflado,
te encontré como a un pebete
que la madre abandonó
en la puerta de un convento
sin revoque en las paredes,
a la luz de un farolito
que de noche te alumbró.

Letra de Pascual Contursi y música de Juan Bautista Deambrogio (Bachicha). Fue compuesto en París y grabado en esa ciudad por Carlos Gardel el 20 de octubre de 1928.

Bandoneón,
porque ves que estoy triste
y cantar ya no puedo,
vos sabés
que yo llevo en el alma
marcao un dolor.

Si el bandoneón es el tango (es decir, lo representa, lo dignifica); el tango no podía menos que ofrendarle sus más hermosas páginas a este instrumento proveniente de lejanas comarcas y que se supo amoldar fielmente al alma rioplatense. Así, desde los primeros tiempos del tango hasta la actualidad, circulan, en un desfile interminable, títulos y poemas destinados a enaltecer los valores del "fueye", en algunos casos. Y a establecer un parangón con él, comparando su soledad con la soledad del protagonista, en otros. Tanto en una como en otra instancia, no se obvia el dejo nostálgico, sentido.

Te lleve a mi pieza,
te acuné en mi pecho frío,
yo también abandonado
me encontraba en el bulín;
has querido consolarme
con tu voz enronquecida
y tus notas doloridas
aumento mi berretín.

(1926) Letra de Pascual Contursi
Música de Juan Bautista Deambrogio

Bandoneón
Arrabalero

Lyric composed by Pascual Contursi and the music by Juan Bautista Deambrogio (bachicha*). It was composed in Paris and recorded in that city by Carlos Gardel on October 20, 1928. If the bandoneon is the tango itself (that´s to say, it represents it, it dignifies it); the tango had the obligation to offer its best songs to this instrument, that comes from far countries and could faithfully adapt itself to the rioplatense* soul. That's why from the very beginning of the tango up to now, there are endless parades of titles and poems to remember the value the fuelle* has in some cases. And establish a comparison between its own loneliness and the loneliness of the heroine in other cases. Neither of the two cases obviates the nostalgic accent that is deeply felt.

Arrabalero: man from the arrabal.
Bachicha: nickname.
Bandoneon: musical instrument. Big accordeon.
Berretín: illusion, but also caprice.
Bulín: bachelor's house.
Fuelle: bandoneon.
Marcao: marked.
Pebete: a boy.
Rioplatense: somebody who was born by the River Plate.

Bandoneon* arrabalero,*
Old flat fuelle...*!
I found you as a pebete*
Abandoned by
Your mother
At the door of a convent
With no stucco on the walls
In the light of a street lamp
That lightened you at night.

Bandoneon*,
Cause you see I'm sad
And I can sing no more,
You know,
That I carry in my soul
Marcao* a pain.

I took you to my bedroom,
I rocked you over my cold chest…
Me too, abandoned,
Staying in the bulin...*
You wanted to console me
With your harsh voice,
And your painful note
My berretín* increased.

(1926) Lyrics by Pascual Contursi
Music by Juan Bautista Deambrogio

Volver

Yo adivino el parpadeo
de las luces que a lo lejos
van marcando mi retorno...
Son las mismas que alumbraron
con sus pálidos reflejos
hondas horas de dolor..

Y aunque no quise el regreso,
siempre se vuelve al primer amor.
La vieja calle donde el eco dijo
tuya es su vida, tuyo es su querer,
bajo el burlón mirar de las estrellas
que con indiferencia hoy me ven volver...

Volver... con la frente marchita,
las nieves del tiempo platearon mi sien...
Sentir... que es un soplo la vida,
que veinte años no es nada,
que febril la mirada, errante en las
sombras,
te busca y te nombra.
Vivir... con el alma aferrada
a un dulce recuerdo
que lloro otra vez...

Tengo miedo del encuentro
con el pasado que vuelve
a enfrentarse con mi vida...
Tengo miedo de las noches
que pobladas de recuerdos
encadenan mi soñar...

Pero el viajero que huye
tarde o temprano detiene su andar...
Y aunque el olvido, que todo destruye,
haya matado mi vieja ilusión,
guardo escondida una esperanza humilde
que es toda la fortuna de mi corazón.

"Para una memorable melodía de Carlos Gardel, Alfredo Le Pera escribió esos pocos versos que suben a los labios, cada vez que un porteño se aleja de su ciudad y que integran ese vasto patrimonio inconsciente aún sin inventariar, que compartimos los argentinos."
Horacio Salas, La poesía de Buenos Aires, *Pleamar, 1968.*

(1935) Música de Carlos Gardel
Letra de Alfredo Le Pera

Coming
Back

I guess the blink
Of the lights that far away
Go marking my return.
They are the same that lit,
With their pale reflections,
Deep hours of pain.
And although I didn't want
The return,
One always goes back to the first love.
The old street, where an echo said:
"Yours is her life, yours is her love "
In the mocking look of the stars
That with indifference,
Today, watch me come back…

Coming back
With the faded forehead,
The snow of time
Silvered my temple.
Feeling
That life's a blow,
That twenty years is nothing
That the feverish look
Wandering in the shadow,
Looks for you and names you...
Living
With the soul clung to a sweet memory
That I cry again.

I'm scared of the meeting
With the past that is coming back
To confront my life;
I'm scared of the nights that, crowded
With memories,
Claim my dream…
But the traveler that escapes
Sooner or later stop his walk!
And although the forgetfulness, that
Destroys everything,
Has killed my old illusion,
I keep hidden a humble hope
That's all the fortune of my heart.

*This tango was recorded in New York, March 19th, 1935.
For a memorable melody of Carlos Gardel, Alfredo Le Pera
wrote those few verses that are always in the lips of each
porteño,* who goes away from his city, that integrate that
huge unconscious heritage not inventoried yet, that we,
argentine share.*

Porteño: somebody who was born in Buenos Aires.

(1935) Music de Carlos Gardel
Lyrics de Alfredo Le Pera

Indice fotográfico

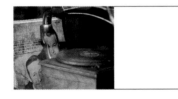

Páginas 42-43
Barrio de La Boca.
Quarter of La Boca.

Página 52
Restaurante "La Ventana" San
Telmo.
"La Ventana" Restaurant in
San Telmo.

Página 44
Bar "36 Billares".
"36 Billares" Bar.

Página 54
Ariel Ardit
Singer

Página 46
Bar "La Puerto Rico".
"La Puerto Rico" Bar.

Página 55
Bar "El Británico".
"El Británico" Bar.

Páginas 48-49
Milonga "Parakultural".
Milonga "Parakultural".

Página 56
Hipódromo de Palermo.
Horse tracks in Palermo.

Página 50
Bailarines Esteban y Claudia.
Esteban and Claudia dancers.

Página 58
Hipódromo de Palermo.
Horse tracks in Palermo.

Páginas 60-61
Calle "Caminito" en La Boca.
"Caminito" Street in La Boca.

Página 70
Restaurante "La Ventana" San
Telmo.
"La Ventana" Restaurant in
San Telmo.

Página 62
Café en Plaza Dorrego.
Coffee bar in Dorrego Square.

Páginas 72-73
Pareja en Plaza de Mayo.
A couple in Plaza de Mayo.

Página 64
Pareja en San Telmo.
A couple in San Telmo.

Página 74
Barrio de Barracas.
Quarter of Barracas.

Páginas 66-67
Paisaje Riachuelo en La Boca.
Riachuelo landscape in La Boca

Página 76
Barrio de Dock Sud.
District of Dock Sud.

Página 68
Daniel Binelli.
Bandoneón player.

Páginas 78-79
La Boca del Riachuelo.
Riachuelo´s opening.

Nota del fotógrafo

Luego de la convocatoria de Daniel Aguilar Grigera y de hurgar en mi archivo, buscando imágenes de Buenos Aires y de parejas de tango, decidimos hacer tres salidas con cámara en mano para registrar la "ciudad tal cual es" en determinados momentos nocturnos. Así entramos en callejones, bares, billares, recorrimos calles del sur, del centro, milongas, La Boca, y el filme casual de alguna película de tango, etc.

Agradezco por este medio la participación espontánea de la gente y confirmo la intención de no malograr la imagen de ninguno de los que aparecen en las fotografías, sino tan sólo tomarlos como referentes y reflejar así la realidad del Buenos Aires de hoy. Agradezco también a estebanyclaudia.com y a tangoexpress.com, que son las parejas que ilustran el baile de tango de este libro.

Guillermo Monteleone
© photomonteleone.com/tango

Photographer´s remarks

After Daniel Aguilar Grigera´s call and searching in my file for images of Buenos Aires and tango couples, we decided to go out three times, camera in hand, to register the "city as it is" at certain moments of the night. We got into alleys, bars, billiards; we went through south and downtown streets, milongas, La Boca; run into a casual shooting of a tango movie, etc.

I thank by this means the spontaneous participation of people and confirm the intention of not spoiling the image of anyone that appears in this pictures but only take them as referring and therefore reflecting the reality of present Buenos Aires. I also thank estebanyclaudia.com and tangoexpress.com, that are the couples that illustrate the tango dance of this book.

Guillermo Monteleone
© photomonteleone.com/tango

Bibliografía

Sara F. Cucala Diario "El mundo" de Madrid

Revista Galleries Review

Cancionero Torres Agüero Editor

García Jiménez (1947) "Vida de Carlos Gardel"

Horacio Salas (1968) Pleamar "La poesía de Buenos aires"

Diario Jornada (1931)

www.tributoagardel.tango.tour.com.ar

http://argentina.informatik.uni-muenchen.de

www.2000-tango.com.ar

Créditos

Gonzalo Frery
Diseñador
www.idoneonet.com

Lucía Escande
Traductora

Guillermo Monteleone
Fotógrafo
www.photomonteleone.com

Bailarines
www.estebanyclaudia.com
www.tangoexpress.com

Aguilar - Galella
editores

Buenos Aires - Argentina
aguilargalella@yahoo.com.ar